BEI GRIN MACHT SICH IHR WISSEN BEZAHLT

AF144577

- Wir veröffentlichen Ihre Hausarbeit,
  Bachelor- und Masterarbeit

- Ihr eigenes eBook und Buch -
  weltweit in allen wichtigen Shops

- Verdienen Sie an jedem Verkauf

Jetzt bei www.GRIN.com hochladen und kostenlos publizieren

Bibliografische Information der Deutschen Nationalbibliothek:

Die Deutsche Bibliothek verzeichnet diese Publikation in der Deutschen National-
bibliografie; detaillierte bibliografische Daten sind im Internet über http://dnb.d-
nb.de/ abrufbar.

Impressum:

Copyright © 2003 GRIN Verlag, Open Publishing GmbH
Druck und Bindung: Books on Demand GmbH, Norderstedt Germany
ISBN: 9783638771528

Dieses Buch bei GRIN:

http://www.grin.com/de/e-book/17443/der-begriff-kultur-bei-norbert-elias-die-
soziogenese-der-begriffe-zivilisation

Dominic Vaas

Der Begriff 'Kultur' bei Norbert Elias - Die Soziogenese der Begriffe 'Zivilisation' und 'Kultur'

GRIN Verlag

GRIN - Your knowledge has value

Der GRIN Verlag publiziert seit 1998 wissenschaftliche Arbeiten von Studenten, Hochschullehrern und anderen Akademikern als eBook und gedrucktes Buch. Die Verlagswebsite www.grin.com ist die ideale Plattform zur Veröffentlichung von Hausarbeiten, Abschlussarbeiten, wissenschaftlichen Aufsätzen, Dissertationen und Fachbüchern.

Besuchen Sie uns im Internet:

http://www.grin.com/

http://www.facebook.com/grincom

http://www.twitter.com/grin_com

Eberhard – Karls – Universität Tübingen
Institut für Soziologie
Hauptseminar: Kultursoziologie
Hausarbeit zum Thema: Die Soziogenese der Begriffe ‚Zivilisation' und ‚Kultur'
Autor: Dominic Vaas

Der Begriff ‚Kultur' bei Norbert Elias:
Die Soziogenese der Begriffe ‚Zivilisation' und ‚Kultur'

Vorgelegt von:
Dominic Vaas
Politikwissenschaft (HF, MA)
Soziologie (HF, MA)
6. Fachsemester

Inhaltsverzeichnis

Französische und deutsche Kulturauffassung: Zur Entstehung des Gegensatzes von Zivilisation und Kultur

Einleitung

Norbert Elias[1] untersucht in diesem Band Verhaltensweisen, die man als typisch für die abendländisch zivilisierten Menschen ansieht. Dabei interessieren ihn folgende, zentrale Fragen: „Wie ging eigentlich diese Veränderung, diese ‚Zivilisation' im Abendlande vor sich, worin bestand sie und welches waren ihre Antriebe, ihre Ursachen oder Motoren?"[2]

Das erste Kapitel geht den verschiedenen Bedeutungen und Bewertungen nach, mit denen man den Zivilisationsbegriff in Deutschland und Frankreich gebraucht. Dazu nimmt er eine Gegenüberstellung der Begriffe Zivilisation und Kultur mit jeweiligem Bezug auf Deutschland oder Frankreich vor. Dies soll der Verdeutlichung bestimmter typischer Figuren des Zivilisationsprozesses dienen.

Im zweiten Kapitel findet sich eine große Anzahl von historischen Beispielreihen typischer französischer oder deutscher Verhaltensweisen der absolutistischen Zeit, die als eine Art Zeitraffer der Geschichte dienen sollen. Elias will damit verdeutlichen, dass die Entwicklung der Zivilisation allmählich voranging. Dies begründet er damit, dass auch in der sogenannten zivilisierten Gesellschaft kein Menschenwesen zivilisiert auf die Welt kommt. Der individuelle Zivilisationsprozess, dem der Mensch zwangsläufig unterliegt, ist eine Funktion des gesellschaftlichen Zivilisationsprozess. Elias glaubt hier die Antwort auf die Frage, warum sich im Laufe ihrer Geschichte der Aufbau der abendländischen Gesellschaft kontinuierlich ändert, zu finden, was er besonders als These im zweiten Band thematisiert. Des Weiteren fragt Elias auch nach der Soziogenese des ‚Staates'. Die soziogenetische und psychogenetische Untersuchung von Elias will die Ordnung der geschichtlichen

---

[1] Elias, Norbert, deutscher Soziologe, geb. 22.06.1897 in Breslau, gest. 01.08.1990 in Amsterdam, beschäftigte sich v. a. mit der Strukturgeschichte der Länder Europas, deren Zivilisations- und Staatsbildungsprozessen sowie mit soziologischer Theorie. Seine beiden Hauptwerke „Über den Prozess der Zivilisation" 2 Bände 1939 und „Die höfische Gesellschaft", erlangten erst 30 Jahre nach ihrem Abschluss wissenschaftliche Anerkennung. Eine Auseinandersetzung mit seinen Schriften gilt heute in der Soziologie als nötig, aber auch wertvoll.
[2] Norbert Elias: Über den Prozess der Zivilisation – Soziogenetische und psychogenetische Untersuchungen; Erster Band: Wandlungen des Verhaltens in den weltlichen Oberschichten des Abendlandes, Bern und München 1969, Seite LXXII (Einleitung).

Veränderungen, ihre „Mechanik und ihre konkreten Mechanismen" aufdecken. Die Entwicklung hin zur Zivilisation, wie wir sie heute verstehen, hängt zu einem großen Teil von der Transformation der Ständegesellschaft zu einer differenzierten Leistungsgesellschaft ab. Das Bindeglied dieser Entwicklung bildet dabei der Absolutismus, als einer Art „Frühform des Staates", in dem Elias eine spezifisch deutsche Ausprägung von Zivilisation und Kultur lokalisiert. Im Folgenden soll im Besonderen untersucht werden, wie und warum diese spezifisch deutsche Kulturauffassung vor sich ging. Die Untersuchung orientiert sich dabei zunächst nahe am Originaltext um Elias Argumentationskette aufzudecken, welche in einem zweiten Schritt (soweit möglich) verdeutlicht und interpretiert werden soll. Es soll also geklärt werden wie es zur antithetischen Ausprägung der französischen Zivilisation und der deutschen Kultur kommt. Oder anders formuliert: „Wie kommt es dazu, dass der französische Zivilisations- und der deutsche Kulturbegriff zum nationalen Gegensatzpaar wird?"

Festzuhalten bleibt zunächst, dass Elias' Entwurf einer Theorie der Zivilisation die Zusammenhänge zwischen den Wandlungen im Aufbau der Gesellschaft (Staatsform) und den Wandlungen im Aufbau des Verhaltens und des psychischen Habitus unterstreicht.

Zur Soziogenese der Begriffe ‚Zivilisation' und ‚Kultur' - Die Soziogenese des Gegensatzes von ‚Kultur' und ‚Zivilisation' in Deutschland

Zunächst kommt Elias auf das Nationalbewusstsein als einer allgemeinen Funktion der Zivilisation zu sprechen: „Dieser Begriff bringt das Selbstbewusstsein des Abendlandes zum Ausdruck. Man könnte auch sagen: das Nationalbewusstsein." Durch den Begriff ‚Zivilisation' „sucht die abendländische Gesellschaft [also] zu charakterisieren, was ihre Eigenart ausmacht, und worauf sie stolz ist: den Stand ihrer Technik, die Art ihrer Manieren, die Entwicklung ihrer wissenschaftlichen Erkenntnis oder ihrer Weltanschauung und vieles andere mehr." [3] Aber doch hat der Zivilisationsbegriff in den verschiedenen abendländischen Nationen auch eine andere, sich deutlich voneinander unterscheidende Bedeutung:

„Der französische und der englische Begriff ‚Zivilisation' kann sich auf politische oder wirtschaftliche, auf religiöse oder technische, auf moralische oder gesellschaftliche Fakten beziehen. Der deutsche Begriff ‚Kultur' bezieht sich im Kern auf geistige, künstlerische,

---

[3] Norbert Elias: Über den Prozess der Zivilisation – Soziogenetische und psychogenetische Untersuchungen; Erster Band: Wandlungen des Verhaltens in den weltlichen Oberschichten des Abendlandes, Bern und München 1969, Seite 2.

religiöse Fakten, und er hat eine starke Tendenz, zwischen Fakten dieser Art auf der einen Seite, und den politischen, den wirtschaftlichen und gesellschaftlichen Fakten auf der anderen, eine starke Scheidewand zu ziehen." [4]

Es gibt also einen großen Unterschied im Gebrauch dieses Wortes zwischen dem englischen und französischen auf der einen Seite und dem deutschen auf der anderen Seite. M. a. W. ist die Bedeutung von Zivilisation in Frankreich und Deutschland unterschiedlich verstanden worden. Beiden Ländern gemein ist der Stolz und die Bedeutung der eigenen Nation, sowie der Stolz auf den Fortschritt des Abendlandes gegenüber den anderen, ihrer Meinung nach unterentwickelten Ländern.

Aber der Begriff Zivilisation drückt den deutschen Habitus nicht vollständig aus, weswegen Elias in Bezug auf Deutschland den Begriff ‚Kultur' und dessen Bedeutungsgehalt betont. ‚Kultur' bezieht sich v. a. auf Produkte des Menschen, als ein Resultat von Arbeit und den Stolz der eigenen Leistung. Der Begriff Zivilisation hingegen bleibt auf das Selbstbewusstsein von Völkern beschränkt. Der spezifisch deutsche Sinn des Begriffs ‚Kultur' kommt in dem Eigenschaftswort ‚kulturell' am besten zum Ausdruck, welches den Wert und den Charakter bestimmter menschlicher Produkte bezeichnet. ‚Kultiviert' hingegen steht dem französischen Zivilisationsbegriff nahe und drückt die „höchste Form des Zivilisiertseins" aus.

Der deutsche Kulturbegriff bezieht sich also auf Produkte des Menschen, die aus individueller Leistung resultieren, wie zum Beispiel Kunstwerke, Bücher; aber auch Religion oder Philosophie. Und in diesen Produkten kommt die Eigenart eines Volkes zum Ausdruck. Damit grenzt der deutsche Begriff ‚Kultur' das deutsche Volk von anderen (dem französischen) ab, weil er die nationalen Unterschiede, die Eigenart des deutschen Volkes besonders hervorhebt. Den Ursprung hierfür sieht Elias darin begründet, dass das deutsche Volk im Vergleich mit anderen westlichen Völkern erst relativ spät zu einer politischen Festigung bzw. Einigung kam. Es hatte einen Mangel an nationaler Identität und musste sich öfters fragen: „Was ist eigentlich unsere Eigenart, was ist typisch deutsch?"

Der Aufbau des nationalen Selbstbewusstseins wird eben gerade durch die Begriffe Zivilisation und Kultur deutlich, ist aber gleichzeitig etwas jedem Staate Individuelles, weshalb sich auch die Bedeutung von Zivilisation und Kultur unterscheiden, ja sie sich sogar antithetisch gegenüberstehen können.

---

[4] Ebd. Seite 2f.

Über den Entwicklungsgang des Gegensatzpaares Zivilisation und Kultur in Deutschland

Ging es bisher darum den Gegensatz von Zivilisation und Kultur anhand der Gegenüberstellung von Deutschland und Frankreich herauszuarbeiten, so geht es jetzt um das Herauskristallisieren der spezifisch deutschen 'Kultur', als einer Auflösung - oder zumindest dem Versuch einer Überwindung - des innerdeutschen Konflikts zwischen dem Adel und dem gebildeten Bürgertum. Elias bedient sich um dies zu verdeutlichen eines Zitats von Kant aus dem Jahr 1784: „Wir sind in hohem Grade durch Kunst und Wissenschaft kultiviert, wir sind zivilisiert bis zum Überlästigem zu allerlei gesellschaftlicher Artigkeit und Anständigkeit...'' [5]

Dies ist der Gegensatz zwischen dem vorwiegend französisch sprechenden, nach französischen Mustern 'zivilisierten' aristokratischen Adel, welcher seine Sonderstellung ausschließlich aufgrund seines Geburtsrechts legitimiert auf der einen Seite, und der deutsch sprechenden, 'kultivierten' mittelständischen Intelligenzschicht, deren Legitimation zunächst in ihrer geistigen, ihrer wissenschaftlichen oder künstlerischen Leistung liegt auf der anderen Seite. Beim höfischen Adel steht die Art des „Sich-Verhaltens" im Mittelpunkt des Selbstbewusstseins, beim Bildungsbürgertum die eigene Leistung.

Die Begriffe 'Zivilisation' und 'Kultur' werden also durch einen Bezug auf bestimmte gesellschaftliche Formationen einander gegenübergestellt, sie stehen sich wie These und Antithese gegenüber. Im gegebenen Beispiel die trügende, äußerliche 'Höflichkeit' des aristokratischen Adels und die wahre 'Tugend' der mittelständischen Intelligenzschicht. Die Intelligenzschicht hebt die Bedeutung von Fleiß und Leistung als die eigentlich wichtigen Komponenten von Kultur hervor; der Adel aber „leistet nichts", da er es nicht nötig hat etwas zu leisten. Genau diese Überheblichkeit und Entfremdung von der Welt versucht die Intelligenzschicht zu kritisieren. Sie wirft dem Adel vor, ihr Dasein wäre eine üble Verfehlung dessen was das wahre Dasein eigentlich ausmacht. Sie vertreten die Ansicht der Mensch habe ein Potenzial i.S. von Arbeit, Leistung und Bildung, welches unbedingt genutzt werden muss um dem Anspruch des Menschseins gerecht zu werden. Doch gerade darauf verzichtet der Adel bewusst, ist also selbst minderwertig und „schlecht", da er sich mit nichts tätig auseinandersetzt, sondern sich nur „zerstreut". [6] Hier wird der Gegensatz von wahrer Tugend und Sittlichkeit entgegen Dekadenz und Unsittlichkeit deutlich.

---

[5] Ebd. Seite 8.
[6] Man denke an nutzlose Zerstreuungen wie das Lustwandeln oder die Fuchsjagd.

Diesen Gegensatz verdeutlicht Elias im Folgenden, indem er die höfische Anschauungsweise und die besondere Bedeutung der deutschen bürgerlichen Intelligenzschicht für die Soziogenese der ‚Kultur' in Deutschland genauer untersucht.

Elias geht also nun dazu über die Ursachen für die Entwicklung des spezifisch deutschen Kulturbegriffs näher zu beleuchten. Den Ausgangspunkt sieht er in dem Umstand, dass Deutschland und v. a. das deutsche Bürgertum im 17. und 18. Jh. verglichen mit Frankreich oder England ziemlich arm war. Die Menschen hatten einfach kein Geld für Luxusgüter wie Literatur oder Kunst, noch die Zeit sich damit zu beschäftigen, m. a. W. sich zu bilden. Daher sprachen sie auch nur deutsch, wohingegen das Französische als Standesmerkmal der gehobenen Schichten galt, was zur Abgrenzung der unteren Schichten zu den oberen beitrug und die Partizipation der unteren beschränkte. Trotzdem finden Überlegungen über die „Eigenart der Deutschen" gerade nicht bei denen statt, die es sich leisten könnten, sondern nur in der kleinen, machtlosen, mittelständischen Intelligenzschicht.

Ein positives Gegenbeispiel scheint Friedrich der Große zu sein, der die geringe deutsche Entwicklung von Wissenschaft und Literatur beklagt. Er sieht die Gründe ganz richtig in der Armut weiter Teile der Bevölkerung und hofft auf eine Besserung bei wachsendem Wohlstand. Wissenschaft und Kunst sieht er als Indikatoren der Zivilisation. Daher war er bemüht die Situation Deutschlands zu verbessern, was ihm wohl auch gelang, da die deutsche Philosophie und Literatur kurz darauf endlich zur Entfaltung gelangt. So zum Beispiel die „Kritik der reinen Vernunft" von Kant (1781). Gleichzeitig räumt Elias aber auch ein, dass es bedeutende Werke wohl schon früher gab. Zudem steht Friedrich der Große selbst in der geistigen, aristokratischen Tradition der höfischen Gesellschaft, bedient sich selbst nur der französischen Sprache und misst das deutsche Geistesleben am Geschmack der Franzosen. Er zeigt hier ein paradox anmutendes Verhalten, was seine Bedeutung für die Entstehung einer originären deutschen Kultur fraglich macht.

Viel bedeutender scheint der intellektuell geführte Kampf des Bildungsbürgertums gegen die weltfremde und dekadente Adelsschicht zu sein. Eben diese Bedeutung der deutschen bürgerlichen Intelligenzschicht für die Soziogenese der ‚Kultur' in Deutschland wird in folgender Zusammenfassung der Situation in den eigenen Worten Elias' deutlich:

„Ihre Situation war fast in allen größeren, deutschen Staaten, und auch in vielen der kleineren, eine ganz analoge. Fast überall gab es an der Spitze einzelne Menschen oder Kreise von Menschen, welche französisch sprachen und die Politik in Deutschland bestimmten; und es gab auf der anderen Seite eine mittelständische Gesellschaft, eine deutschsprechende

Intelligenzschicht, die im großen und ganzen auf die politische Entwicklung ohne jeden Einfluss war; aus ihr im wesentlichen kamen die Menschen, um deretwillen man Deutschland als das Land der Dichter und Denker bezeichnet hat. Und von ihr erhielten Begriffe wie ‚Bildung' und ‚Kultur' ihre spezifisch deutsche Prägung und Richtung." [7]

Elias ergreift also was die Entstehung eines eigenständigen nationalen Bewusstseins in Deutschland und die Möglichkeit der Abgrenzung zur französischen Zivilisation angeht, eindeutig Partei für die mittelständische Intelligenzschicht und schließt sich damit indirekt ihrer Kritik am deutschen Adel an. Dies aufzuzeigen hatte er wohl die ganze Zeit beabsichtigt, weswegen nun eine Rekapitulation und zusammenfassende Interpretation sinnvoll erscheint.

Das Verständnis von ‚Zivilisation' und ‚Kultur' bei Elias

Um den Bedeutungsgehalt des auf Deutschland bezogenen Kulturbegriffs hervorzuheben bedient sich Elias eines kontrastierenden Begriffs, aber nicht nur als analytisches Kriterium, sondern als geschichtlich reales und für den Untersuchungsgegenstand, nämlich das Entstehen der deutschen Kultur als Abgrenzung zu Frankreich und Betonung der eigenen Identität, wichtigen Faktor: Den Begriff der Zivilisation.

Dieser bezeichnet zunächst die Eigenart der abendländischen Gesellschaft und worauf sie stolz ist. Zivilisation charakterisiert die Identität des Abendlandes und kann als „kollektiver" Stolz gegenüber anderen (unterlegenen) Völkern verstanden werden. Aber in Deutschland ist die Zivilisation ein Wert zweiten Ranges, wichtiger ist der Begriff Kultur und die damit verbundenen Werte. Kultur hat drei wichtige Wirkungen auf die Gesellschaft. Erstens dient sie der kollektiven Selbstinterpretation. Zweitens bezeichnet sie den Stolz auf das eigene Wesen, die eigene Leistung, was Bildung als ein Element von Kultur voraussetzt. Drittens spezifiziert Kultur das genauer, was bei der Zivilisation als „Verfeinerung von allem und jedem" in diffusem Licht bleibt. Kultur meint ihrem Kern nach die geistigen Produkte des Menschen, wie Kunst, Bücher, Religion und Bildung, also im weitesten Sinne religiöse und philosophische Systeme. Die eigene, individuelle Charakterbildung wird in den Vordergrund gestellt. Der Zivilisationsbegriff dagegen bleibt grundsätzlich allgemein, er akzentuiert was dem Mensch gemein ist bzw. gemein sein sollte. Doch der Begriff der Kultur grenzt ab und

---

[7] Ebd. Seite 17.

betont materielle und ethnische Unterschiede der Völker. Daher kann man überhaupt von englischer, französischer und deutscher Kultur sprechen, also das was spezifisch typisch deutsch, französisch oder englisch ist bzw. sein sollte in einem Wort fassen.

Zivilisation ist ein Wort für die „innere Verwandtschaft" ,zivilisierter' Völker. Diese sind die westlichen, expandierenden und kolonisierenden Völker, welche ihren Stolz auf ihre Überlegenheit und ihre Eigenart auch in den Kolonien vertreten wollen. Die Zivilisation bezieht aber nur die Gesellschaften dieser expandierenden und gefestigten Völker mit ein, und daher Deutschland nur zum Teil, da es eben damals eher noch zu den bedrohten Völkern gehörte. Daher kann der deutsche Kulturbegriff auch als Gegenbegriff zur Zivilisation und als Abgrenzung zu den expandierenden Völkern gesehen werden. Ein aktuelles Beispiel für eine expandierende Zivilisation ist die USA, welche ihre Vorstellung der Zivilisation dem Rest der Welt aufzwingen will.

Des Weiteren ist die Zivilisation ein Fortschrittsprozess, es muss immer weiter aufwärts gehen, wobei dieser Prozess stets unvollendet bleibt. Die Geschichte hat gezeigt, dass dies in vielen Fällen fatale Auswirkungen haben kann, wenn der Zenit des Fortschritts überschritten wird. Die letzte Konsequenz ist häufig ein Erneuerungsprozess, dem aber ein zerstörerischer Akt, wie ein Krieg und / oder eine Revolution vorausgeht. Die USA, um beim aktuellen Beispiel zu bleiben, versucht ja nichts anderes als diese Tatsache durch die Expansion ihres Einflusses und das Führen von Kriegen gegen andere Länder hinaus zu zögern.
Die Kultur dagegen ist ein Kreisprozess mit abwechselnden Höhen und Tiefen, quasi „ohne Fortschritt". Es gibt schon immer Leistungen („menschliche Produkte") die nicht mehr zu übertreffen sind, so z.B. die Mona Lisa. Ab und an mag es noch gelingen an dieses Niveau heranzureichen, trotzdem schmälert dies die herausragende Leistung des schon Erreichten in keiner Weise.

Beiden Begriffen gemein hingegen ist ihre Bedeutung als Inbegriffe des nationalen Selbstbewusstseins, aufgrund gemeinsamer Traditionen, Schicksale, Situationen usw., m. a. W. der gemeinsamen Geschichte. Deswegen aber sind diese Begriffe Außenstehenden, also an der Geschichte nicht Teilhabenden, nicht voll mitteilbar.

Schließlich muss verstanden werden, dass Kultur auch einen Kampfbegriff verkörpert, wie es das Beispiel des ersten Weltkriegs zeigt. Aber auch nach innen, wie im Falle des intellektuellen Kampfes der deutschen Intelligenzschicht gegen die Dekadenz und Schwäche des deutschen Adels. Die deutsche Intelligenzschicht hat ein bestimmtes Menschenbild entworfen „wie und wofür man lebt." Kultur bedeutet diesem Verständnis nach auch „wonach man Streben sollte." Die Lebensweise des deutschen Adels aber ist falsch! Die Dazugehörigen haben eigentlich gar nicht richtig gelebt, denn um zu leben muss man etwas leisten, sich bilden, geistig aktiv sein und am weltlichen Geschehen echtes Interesse zeigen. Dies alles hat der deutsche Adel verfehlt, was von dem deutschen Bildungsbürgertum angeprangert wird. Daher muss der deutsche Kulturbegriff seinem Ursprung nach anfänglich als Kampfbegriff gegen die Lebensweise des deutschen Adels betrachtet werden. In einer weiteren Überlegung ergibt sich logischerweise das Aufbegehren auch gegen den französischen Adel und schließlich die feudale Oberschicht an sich, was wenig später zur französischen Revolution führte.

Diese Zusammenhänge einmal zu verdeutlichen wird wohl das Anliegen Elias' gewesen sein.

Literatur

Norbert Elias: Über den Prozess der Zivilisation – Soziogenetische und psychogenetische Untersuchungen; Erster Band: Wandlungen des Verhaltens in den weltlichen Oberschichten des Abendlandes, Bern und München 1969

www.wissen.de